ARC DE SANT MARTÍ JUNIOR

COLORS DELS GATS

INTRODUCCIÓ DE COLORS A LES MENTS JOVES

PER RAINBOW ROY

ARC DE SANT MARTÍ JUNIOR
COLORS DELS GATS
INTRODUCCIÓ DE COLORS A LES MENTS JOVES
PER RAINBOW ROY

L'arc de Sant Martí està ple de tot tipus de colors.

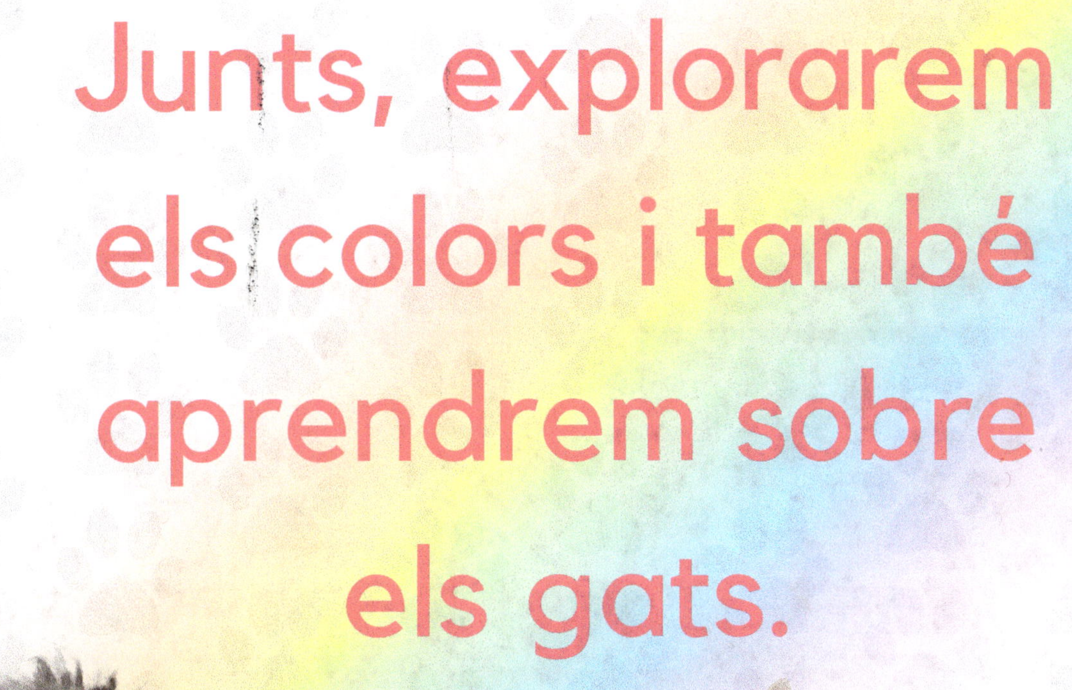

Junts, explorarem
els colors i també
aprendrem sobre
els gats.

VERMELL

Vermell, com el gat abisí.

TARONJA

Taronja, com un gat tabby.

GROC

Groc, com un gat siamès.

VERD

Verd, com els ulls
d'un gat Mau
egipci.

BLAU

Blau, com un gat blau rus.

INDIGO

Indigo, com
aquesta joguina
de gat.

PORPRA

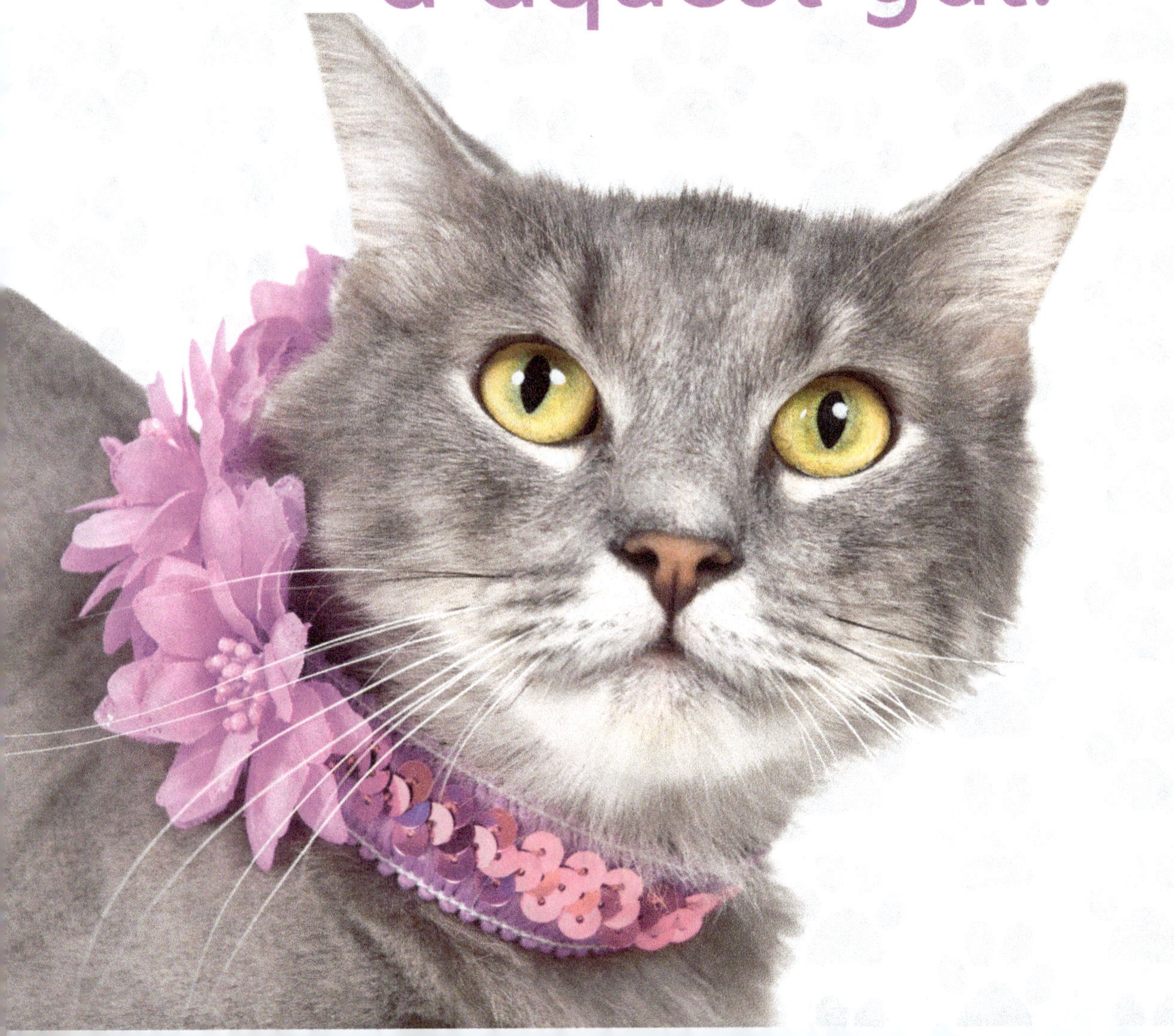

Lila, com el collar
d'aquest gat.

Ara, mirem alguns altres colors, fora de l'arc de Sant Martí!

ROSA

Rosa, com un gat Sphynx.

MARRÓ

Marró, com un gat de Bengala.

BLANC

Blanc, com un angora turc.

NEGRE

Negre, com un gat de Bombai.

GRIS

Gris, com un British Shorthair.

Ara, a veure
què has après!

De quin color
és aquest gat?

Aquest gat és taronja i blanc.

De quin color és aquest gat?

Aquest gat és gris.

De quin color són aquests ulls de gat?

Els seus ulls són grocs.

Ets tan llest! Segueix aprenent sempre i no oblidis mai el teu amor per aprendre.